Für meine Familie.

Lilli M.

Lilli Messina, geboren 1976, studierte an der Hochschule für Gestaltung in Offenbach Visuelle Kommunikation mit Schwerpunkt Buchillustration. Die Diplomdesignerin arbeitet seit 2003 als freischaffende Autorin und Illustratorin für verschiedene Verlage im In- und Ausland. Ihre Bilder wurden in zahlreichen Ausstellungen gezeigt, u. a. auf der Biennale of Illustration in Belgrad, im Karikaturmuseum Hamburg, dem Palais Kronberg, im Wilhelm-Busch-Museum Hannover und im Klingspor-Museum Offenbach. Sie lebt mit ihrer Familie in Berlin.

MIX
Papier aus verantwor-
tungsvollen Quellen
FSC® C084279

Copyright dieser Ausgabe
© 360 Grad Verlag ★ 2021
www.360grad-verlag.de

360 Grad Verlag GmbH
Lindenstraße 23 • D-69181 Leimen
www.facebook.de/360GradVerlag
www.instagram.com/360gradverlag_bestbooks

Titelgestaltung und Layout: Götz Rohloff - Die Buchmacher, Köln
Gesetzt aus der Gilligans Island und der Bembo
Texte und Bilder © Lilli Messina, 2021

Gesamtherstellung und Druck: Print Consult, München
978-3-96185-545-2

5 4 3 2 1

INHALT

Zwei Bilderbuchgeschichten
von Lilli Messina

Kleine Lilli ganz groß

Kleine Lilli und die bösen Buben

In diesem Buch gibt es auch
ein Plakat, das ihr im Zimmer
aufhängen könnt. Dann könnt
ihr immer messen, wie groß ihr
schon seid!

Mit Lilli Wachsen	
Datum	Größe

Und hier könnt ihr aufschreiben,
wann ihr wie groß gewesen seid.

Kleine Lilli ganz groß

Lilli ist die Kleinste in ihrer Gruppe.

Alle sind größer, sogar der kleine Willi.
Und weil Lilli so klein ist, wird sie immerzu
geärgert – am meisten vom langen Micha.
Der streckt ihr sogar manchmal die Zunge
raus und zieht an ihren Haaren.

Lilli wäre so gerne größer!

Da hat Lilli eine Idee.

Sie stellt sich auf die Zehenspitzen.

Jetzt ist sie genauso groß wie Willi!
Und jetzt hat sie eine tolle Aussicht hier oben.
Niemand bemerkt, dass sie trickst!
Nur Willi schaut etwas verdutzt.

Doch plötzlich fangen Lillis Füße an,

zu wackeln und zu ruckeln

und zu zuckeln.

Lilli wankt und schwankt in alle Richtungen.

UNd PLUMPS,

liegt sie auf der Nase.

AuWeia!

Jetzt hat sie eine dicke Beule.

Ach Herrje.

Alle lachen über Lilli. Und besonders laut lacht der lange Micha!

Was wäre wohl, denkt Lilli,
wenn sie sich einfach Mamas
hohe Stöckelschuhe ausborgt ...

Heimlich steckt sie am nächsten Morgen Mamas Schuhe in den Rucksack.

Jetzt ist sie sogar größer als Willi!

DOCH PLÖTZLICH KOMMT LILLI INS STRAUCHELN.

Ihre Beine wackeln und
ruckeln und zuckeln.
Sie wankt und schwankt
in alle Richtungen ...

... UNd PLUMPS,

kracht sie wieder
mit lautem Knall
auf den Boden ...

OH, NeiN!
Jetzt hat sie eine neue
dicke Beule.

ZUM KUCKUCK aber auch,

denkt Lilli abends in ihrem Bett. Es muss doch
möglich sein, schneller groß zu werden!
Da hat sie eine neue Idee. Wenn sie sich einfach nur
richtig streckt und reckt und danach die ganze Nacht
an ihre Kinderzimmertür hängt, dann muss
sie doch größer werden.

Aber über Nacht wachsen wollen,
das kann furchtbar müde machen...

PLUMPS!

Oje,

nun hat Lilli noch eine Beule.

Jetzt reicht es aber!

Lilli ist stinksauer. Dann bin ich eben klein! Und wer mit mir stänkert, bekommt mächtig Ärger!

FUCHSTEUFELSWILD
STAPFT SIE IN DEN
KINDERGARTEN.

Aber niemand will sie heute ärgern ...

HEUTE ärgern alle den dicken ANTON.

Na wartet!

Wütend stellt Lilli sich vor Anton und beschützt ihn. Wild wirbelt sie ihre Fäuste durch die Luft.

LILLi iSt ZU alleM entSCHloSSen!

Doch in ihrem Eifer bemerkt
Lilli nicht, dass Frau Schmatz
gerade leckeren Kuchen bringt ...
Alle rennen weg, keiner interessiert
sich noch für Lilli und Anton.

JUHU!
ES HAT GEKLAPPT!,

denkt Lilli. Alle sind vor Angst
davongelaufen! Anton nickt begeistert.
Eigentlich hätte er auch gerne ein
Stück Kuchen. Aber viel lieber
spielt er jetzt mit Lilli.

Und obwohl Lilli noch immer nicht größer ist als vorher,
fühlt sie sich riesig. Richtig riesig sogar.
Lilli und Anton wissen jetzt:

GEMEINSAM SIND SIE groß UND STARK!

Kleine Lilli UNd die bösen Buben

LiLLi iST EiN KLEiNES MÄDCHEN.

Sie würde so gerne mit den großen Jungs spielen.

Aber große JUNGS SpiELEN NiCHT MiT KLEiNEN MÄDCHEN.

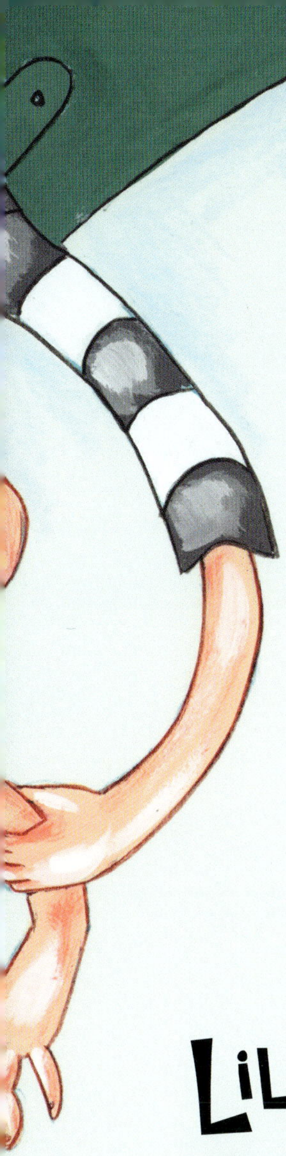

Die Jungs in ihrem Kindergarten
spielen immer Fußball.

Lilli kann nicht gut
Fußball spielen.

Die JUNGS SPIELEN AUCH KirschKernWeitspucken.

Kirschkernweitspucken kann Lilli auch nicht.

Zapperlott!, denkt Lilli.

Sie würde so gerne mitspielen.

Na Wartet!

Heimlich übt Lilli jeden Nachmittag mit Papa Fußballspielen.

Nach einiger Zeit ist sie fit und bereit...

Lilli kann viele tolle Fußballtricks,
und sogar Kirschkernspucken.

Lilli spuckt mindestens so gut wie die frechen Lamas im Zoo!

Sie zeigt den großen Jungs ihre Tricks.
Und weil sie bergeweise Kirschen gegessen hat,
hat sie die Taschen voller Kerne.

Doch lange währt ihre Freude nicht!
Als die Jungs zwei Mannschaften bilden,
wird Lilli nicht mit ausgewählt.

MeNNO!,

denkt Lilli ...

... und beobachtet die Jungs heimlich
aus ihrem Versteck heraus.
Soooo gerne würde sie mitspielen.

Aber plötzlich haben die großen Jungs keine Lust mehr, Fußball zu spielen. Sie beschließen,

KLeiNe MädcHeN zu ärgerN!

Die bösen Buben nehmen allen kleinen
Mädchen ihre Puppen weg und ziehen
ihnen an den Röcken.

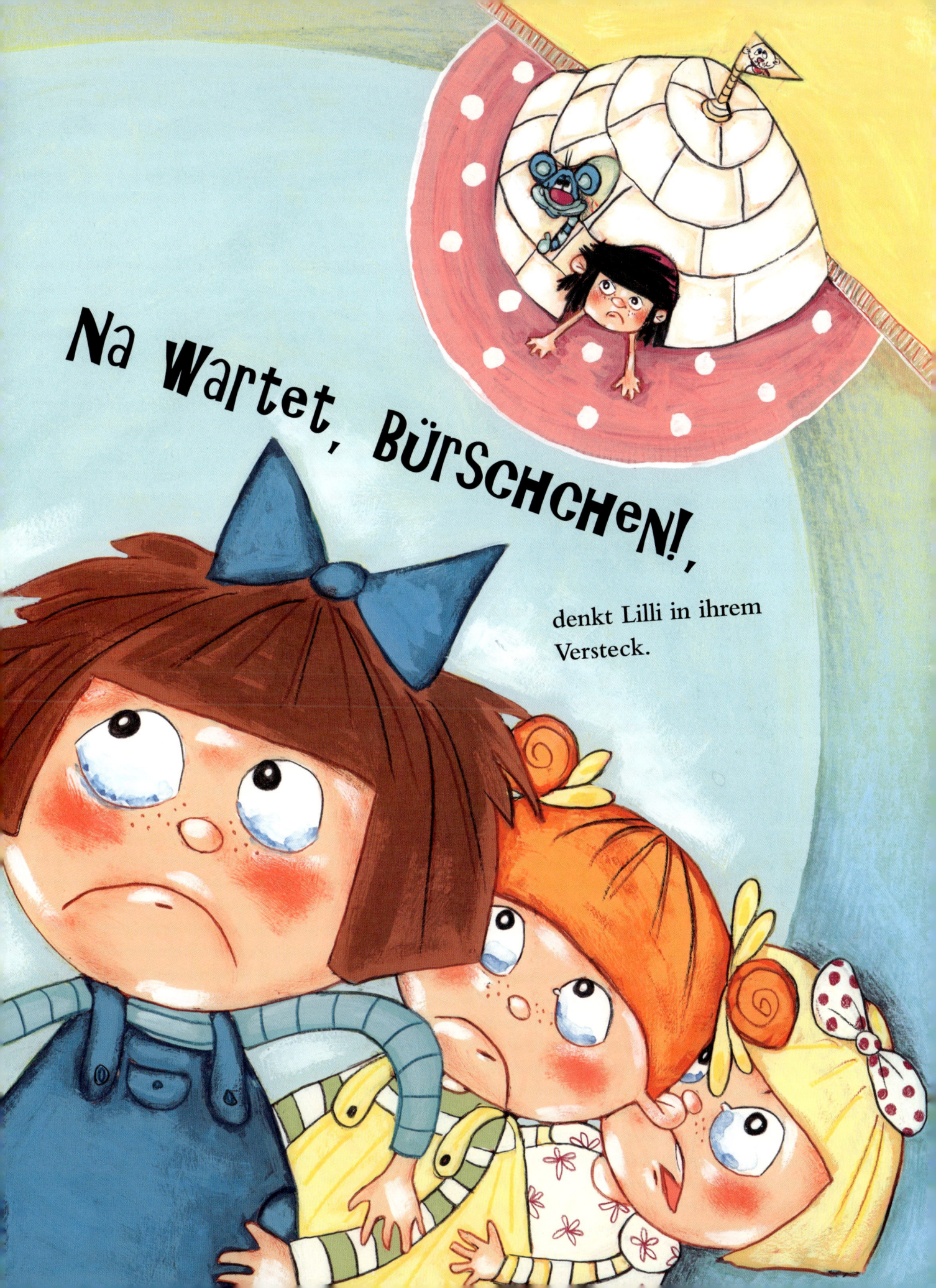

Na wartet, Bürschchen!,

denkt Lilli in ihrem Versteck.

Schnell stopft sie sich die Kirschkerne in ihren Mund
und spuckt zielsicher. Ein Kern nach dem anderen trifft.

Zum Schluss streckt Lilli
stolz wie ein Kamel mit vier Höckern
ihre kirschrote Zunge weit raus.

Und immer wenn Lilli mit ihren kleinen Freunden spielt,
dürfen die bösen Buben gern zuschauen ...